Género Ficción

Pregunta esencial

¿Qué nos gusta de los animales?

¿Cantas para mí?

Rosa Oriolo
ilustrado por Mónica Gutiérrez

LECTURA COMPLEMENTARIA

A Juan le gustan los animales.

Le gusta escucharlos.

Los animales jamás hablan.

Se expresan con sonidos.

Su perro Boby ladra de alegría.

Ladra cuando tiene hambre.

Ladra cuando lo despierta por la mañana.

¡Y también cuando quiere ir al parque!

Juan también tiene una gata.

Se llama Pelusa.

La gata maúlla cuando
quiere jugar.

Y también cuando quiere mimos.

Los pájaros son los animales preferidos de Juan.

Le gusta verlos en el jardín de su casa.

Suele detenerse para escucharlos.

Su canto es una maravilla.

AHORA COMPRUEBA

¿Cómo se expresan los animales?

Juan va de visita a la casa de su amigo Misu.

Misu tiene un nuevo canario. El canario se llama Pipo. Juan quiere oírlo cantar.

Detective del lenguaje	La oración subrayada, ¿tiene un artículo indefinido? ¿Cuál es?

Juan juega un rato con Misu.

Luego, silba para que el canario Pipo cante.

Pipo lo mira.

Pero no emite ni un sonido.

AHORA COMPRUEBA

¿Qué quiere lograr Juan con Pipo?

Juan le da de comer.

Pipo le pica la yema del dedo.

—No sabe cómo comportarse
—dice Misu.

Pipo es muy pequeño.

Juan hace ruido con las llaves.

—Tal vez le guste el sonido
—dice Juan.

Detective del lenguaje	La oración subrayada, ¿tiene un artículo definido? ¿Cuál es?

—¡Déjalo ya! Vamos a jugar —dice Misu.

—Espera —responde Juan.

—El canario cantará cuando quiera —dice Misu.

Pipo comienza a cantar cuando Misu pone música.

Juan se sienta en el suelo para escucharlo.

Está feliz.

Ahora el canario Pipo canta para Juan y Misu.

Y Juan disfruta de su canto.

AHORA COMPRUEBA

¿Cuándo comienza a cantar Pipo?

Respuesta a la lectura

Resumir

Usa detalles para resumir *¿Cantas para mí?*

Detalle	Detalle	Detalle

Evidencia en el texto

1. ¿Cómo sabes que este cuento es de ficción? **Género**
2. En la página 5, ¿cuándo maúlla Pelusa? **Detalles clave**
3. En la página 7, ¿qué significa *llama*? **Significados múltiples**
4. Escribe sobre lo que le gusta a Juan. **Escribir sobre la lectura**

Género **Poesía**

Compara los textos

Lee sobre un sapito misterioso.

¿Dónde están nuestras mascotas?

Sebastián Olaso

¡Se ha escondido nuestro gato
en algún rincón del jardín!
Y su gran amigo, el sapo,
tampoco se ve por aquí.

Illustration: Angela Padrón

¿Estarán jugando juntos
entre la lluvia o el viento?
¿O en algún lugar seguro
protegidos de los truenos?

Se oye un sapo que silba
y un gato que ronronea.
¡Nuestras mascotas han vuelto
y cantan bajo la mesa!

Haz conexiones

¿Qué te gusta de los sapos y los gatos? **Pregunta esencial**

¿Qué cosas de los animales de este poema le gustarían a Juan, el personaje del cuento? **El texto y otros textos**

Enfoque:
Elementos literarios

Ritmo Los poemas tienen ritmo. El ritmo es el modo en que aparecen los acentos en un poema.

Lee y descubre En estos versos de la página 17, las sílabas acentuadas están resaltadas.

¡Se ha escon**di**do nuestro **ga**to
en al**gún** rincón del jar**dín**!

Halla otras sílabas acentuadas en el resto del poema.

Tu turno

Escribe un poema de dos versos. Busca las sílabas acentuadas y subráyalas.